美丽玉林

The Brilliant Yulin

梁伟江／主编

广西科学技术出版社

图书在版编目（CIP）数据

美丽玉林 / 梁伟江主编. —南宁：广西科学技术
出版社，2017.12
ISBN 978-7-5551-0924-2

Ⅰ．①美… Ⅱ．①梁… Ⅲ．①玉林—概况 Ⅳ.
①K926.73

中国版本图书馆CIP数据核字(2017)第310690号

MEILI YULIN

美 丽 玉 林

梁伟江　主编

责任编辑：何杏华　　　　　　　　助理编辑：陈诗英
封面设计：韦宇星　　　　　　　　版式设计：陈毅锋
责任印制：韦文印　　　　　　　　责任校对：吴　康

出 版 人：卢培钊　　　　　　　出版发行：广西科学技术出版社
社　　　址：广西南宁市东葛路66号　邮政编码：530022
网　　　址：http://www.gxkjs.com

经　　　销：全国各地新华书店
印　　　刷：广西昭泰子隆彩印有限责任公司
地　　　址：南宁市友爱南路39号
邮政编码：530001
开　　　本：889mm×1194mm　　1/16
字　　　数：98千字　　　　　　　印　　　张：12.25
版　　　次：2017年12月第1版
印　　　次：2017年12月第1次印刷
书　　　号：ISBN 978-7-5551-0924-2
定　　　价：188.00元

《美丽玉林》编辑委员会

主　　任　梁伟江

副 主 任　莫荣新　黄典山　周　豪　江贵成　蔡　文　薛丽容
　　　　　徐建伟　刘靖森　龚　郁

委　　员　徐娜庆　郭　平　徐兴平　杜朝明　郭　铁　杨世儒
　　　　　郑　媛　黄　戈　陈家勋　李绍勇

主　　编　梁伟江

副 主 编　莫荣新

责任编辑　陈家勋　吴庆丰

编　　辑　陈业伟　何小龙　罗　军　廖　萍

美术设计　陈毅锋

摄　　影　蒋寿荣　陈伟平　蒋金泰　刘展雄　李国伟　余华炜
　　　　　陈炜平　何旭海　林家庆　伍凯源　朱炎华　邓森梅
　　　　　王洪亮　李　飞　（如有遗漏，敬请联系）

制作单位　玉林市新全媒文化传播有限公司

序

　　容山苍翠千般秀，鬱林古韵万象新。

　　玉林古称"鬱州"，位于广西东南部，总面积 1.28 万平方公里。玉林背靠大西南，毗邻粤港澳，面向东南亚，曾是古代中国海上丝绸之路的重要中转商埠，商贸传统悠久，唐宋时期便享有"岭南都会"之美誉，是一颗闪耀在北部湾畔的璀璨明珠。近年来，玉林先后获得"中国优秀旅游城市""全国绿化模范城市""国家森林城市""国家园林城市"等荣誉称号。

　　玉林是一座多姿多彩的美丽城市。近年来，玉林秉持"创新、协调、绿色、开放、共享"五大发展理念，大力实施"大交通、大城市、大产业、大商贸、大田园"五大战略，持续开展"美丽玉林"乡村建设活动，奏响了人与自然的和谐乐章。同时，玉林在中心城区勾画出"两环、三带、两廊、两纵、两横、十园、百苑"的生态园林蓝图，尤其是玉东湖、玉林园博园的美丽亮相，拉开了玉林城市综合开发和水环境治理的序幕。玉林全力构建"城在林中，林在城中，四季常青，人居适宜"的城市生态建设格局，目前已体现出"开门见绿，推窗见景"的效果。

　　玉林是一座山清水秀的美丽城市。玉林以大容山、六万山、云开大山，南流江、北流江、九洲江"三山三水"为自然山水基本轮廓，素有"天然南国园林"之美称。近年来，玉林打响了"五彩玉林·田园都市"的品牌，广阔乡村田野处处展现出"田园都市"的美丽景色。白居易诗句"日出江花红胜火，春来江水绿如蓝"，仿佛描绘的就是玉林的山山水水。随着南流江、北流江、九洲江等重要流域治理的有力推进，玉林农村人居环境得到极大改善。诚如孟浩然诗句"绿树村边合，青山郭外斜"所云，在青山绿水的怀抱中，现代民居、名村古宅、客家围屋……掩映于各种各样的果树丛林中，为玉林大地增添了迷人的色彩！

　　玉林是一座文化厚重的美丽城市。玉林是一幅美丽的岭南风光图，更是一块

1

自然与人文相辉映的绚丽瑰宝，其人文景观以厚重的历史文化沉淀为基础，展现出独特绚丽的岭南风情。俗语云"自古名山僧占多"，全国道教"三十六洞天"之"二十洞天"在容县都峤山，是儒、释、道三教合一的圣地；而"二十二洞天"在北流勾漏洞，相传东晋道学家葛洪曾在此炼丹成仙。玉林拥有一百二十多处名胜古迹，其中国家级景（区）点三个，自治区级景（区）点八个。"桂南采茶戏"被列入首批国家级非物质文化遗产名录，"玉林八音"被列入广西首批自治区级非物质文化遗产代表性项目名录。

玉林是一座英才辈出的美丽城市。岭南风光的美丽，岭南文化的风骚，绽放出玉林人文荟萃的魅力。自古以来，玉林这一方神奇的土地孕育了无数名人英才："海瑞同党"何以尚、民族英雄刘永福、清廉才子李绍昉、革命先驱朱锡昂、北伐虎将李明瑞、语言宗师王力……他们生于斯，长于斯，为这片神奇的土地增光添彩。

昨天的玉林，依托悠久的历史文化、商贸传统和美丽的岭南风光，展现出蓬勃的生机，闪耀着绚丽的光彩。今天的玉林，正在以创建"国家文明城市、国家卫生城市、全区宜居城市"为载体，积极构建"一核两江三山四湖五园六组团"的城市发展格局，加快建设田园休闲、生态宜居、组团式融合发展的区域性大城市。明天的玉林，将更加美丽，大放异彩！

乘着党的十九大精神指引的强劲东风，中国人民政治协商会议玉林市委员会精心策划、编辑出版了《美丽玉林》画册，可喜可贺。该画册将大美玉林的图景全面展示出来，让人们身心得到怡悦，境界得到升华，热爱家乡的情感油然而生。让我们更加紧密地团结在以习近平同志为核心的党中央周围，认真学习贯彻习近平新时代中国特色社会主义思想，同心同德，群策群力，撸起袖子加油干，在新时代创造新辉煌，把我们的家乡——玉林建设得更美好，让玉林人民过上更加美好幸福的新生活！

是为序。

中国人民政治协商会议玉林市委员会主席、党组书记　梁伟江

2017 年 10 月

目 录 / CONTENTS

五彩玉林

The Colorful Yulin

恢宏绚丽的玉林

玉林市江南公园

南国明珠

　　玉林是闪耀在北部湾畔的一颗璀璨明珠，这里物产丰富，人杰地灵，风光秀丽。在青山碧水的怀抱里，玉林用盎然绿意奏响了人与自然的和谐乐章，在玉林中心城勾画"两环、三带、两廊、两纵、两横、十园、百苑"的生态园林蓝图，构筑"绿树碧江渗玉城"的城区绿化空间网架，全方位、立体化园林式的绿化建设工作，为广大玉林市民营造了高品位、人性化的人居环境，形成了"城在林中，林在城中，四季常青，人居适宜"的城市生态建设格局。

玉林市文化艺术中心

玉林市体育中心

毅德商城

锦绣玉城

玉林市一环东路

玉林市金融中心

玉柴厂区一隅

玉林市文化广场

玉林高中·美丽校园

玉林师范学院·菁菁校园

玉林园博园开园吉祥物

城市公园

　　玉林致力打造自然风光与城市景观交相辉映、历史文化与现代文明相得益彰的生态、人文、宜居城市环境,生态景观正成为玉林这个城市的主旋律。在原有人民公园、湿地公园、龟山公园、狮子山公园、凤凰岭公园等的基础上,玉林市继续大手笔、高起点地建设了城南公园、黑石岭公园、羊义岭公园、白马岭公园、牛运岭公园、江南绿轴公园、挂榜山公园、西郊公园、塘步岭立交绿化公园等一系列绿化景观工程,为玉林市打造生态宜居城市增添了一个又一个生态景观。

南宁园

桂林园

来宾园

玉林园

玉林园博园

玉林园博园主展馆

玉林园博园八桂大道

玉林园博园一景

克拉湾水上乐园毗邻玉林园博园，规划用地16.6公顷，以八种宝石为主题创意，结合宝石色彩、形态、名称、种类等，打造了八个功能各异、特色突出的主题水上乐园。

克拉湾水上乐园章鱼滑道

克拉湾水上乐园全景

克拉湾水上乐园儿童戏水池

克拉湾水上乐园海浪池

玉林湿地公园·情人桥

玉林湿地公园一隅

玉林湿地公园一隅

玉林湿地公园一隅

玉林湿地公园鸟瞰图

会仙河公园正门

坐落于玉东新区与北流市区交界处的会仙河公园

19

坐落于玉林城区秀水大道与人民东路（玉容公路）交会处的狮子山公园

坐落于玉林城区公园路的人民公园

坐落于玉林城区城西片区二环西路与黎湛铁路交叉口西南面的西郊公园

坐落于玉林城区二环北路的牛运岭公园

坐落于玉林城区二环东路的羊义岭公园

园林诗居

　　诗意的产生源于美感的传递，居住的艺术是一座城市美的印记。

　　玉林市依托悠久的历史文化和美丽的岭南风光，提高城区生态质量，亮化美丽玉林。一个园在城中、城在林中、人与自然和谐发展的园林人居环境正展示在世人面前。

玉林电力小区一角

盛世江南小区一隅

湖畔高楼

园林小区

环湖而居，枕湖而眠

坐落于玉东新区的奥园康城

玉林人居园林景观

盛世江南小区

恒大地产楼盘

碧桂园游泳池

北流市碧桂园住宅区

会展名城

从 2004 年开始，中小企业商机博览（中国·玉林）已成功举办了十二届。中小企业商机博览（中国·玉林）展示出玉林品牌的强劲力量和蓬勃生机，成为在广西影响力仅次于中国—东盟博览会的区域性国际品牌展会，玉林市被评为"中国最具影响力节庆城市""2012 年度中国十大优秀会展城市（三线城市）"。

从 2009 年开始，中国（玉林）中医药博览会已成功举办了九届，

塑造了玉林"南方药都"的国际品牌。中国（玉林）中医药博览会先后荣获"2011 年度全国政府主导型展会五十强""2011—2012 年度中国优秀品牌展会奖""2012—2013 年度中国十大优秀特色展会奖"，被商务部列为 2012 年度、2013 年度广西唯一的全国引导支持展会，2015 年度广西内贸领域重点支持展会，2015 年度中国十佳优秀特色展会。

从 2011 年开始，中国（北流）国际陶瓷博览会已成功举办了六届。中国（北流）国际陶瓷博览会的成功举办，彰显了玉林"陶瓷名城"的无限魅力，打响了玉林"陶瓷名城"的国际品牌。

中小企业商机博览（中国·玉林）开幕式

参加中小企业商机博览（中国·玉林）的人群

夜色下的玉林国际会展中心

中小企业商机博览（中国·玉林）晚会"岭南和韵"在玉林体育运动中心举办

参加药博盛会　追求健康生活

构筑社会消防安全"防火墙"工程 共创平安玉林城

展药业经济·建设南方药都

南方药

中国（玉
林）中医药博
览会展出的特
大灵芝

中国（玉林）中医药博览会在玉林银丰国际中药港举行

著名企业"北京同仁堂"展台

前来洽谈贸
易的外商

中国（北流）国
际陶瓷博览会展馆

第六届中国（北流）国际陶瓷博览会开幕式在北流国际陶瓷贸易城举行

建设中的世客城

特色城苑

　　近年来，玉林不断涌现出独具特色的城苑建筑，追求意境，力臻神似，魅力四射，散发出浓郁的地方特色，唤起人们的古韵记忆，形成了风格独特的建筑艺术。陆川县世客城弘扬客家文化精髓，依托山水资源，集客家文化体验、旅游观光休闲、温泉养生、商务会议及品质居住五大功能于一体。容县以真武阁为核心打造容州古城景区，通过建设容州府、博物馆、开元寺，加上周边的仿古特色街，再造"梦回大唐"般的容州古城。玉东新区桂台园艺文化城将传统岭南园林文化与中式商居文化相结合，全力打造城市副中心商业圈，成就玉林首座顶级中式商业区。

世客城一隅

世客城一隅

世客城一隅

容县容州古城门楼

容县容州府博物馆

容县容州古城贵妃巷

容县容州古城鸟瞰图

桂台园艺文化城牌坊

庭院正门

庭院金鱼池

庭院小景

庭院小景

桂台园艺文化城

田园都市

The Garden City

隆平高科·中国杂交水稻援外基地坐落于五彩田园

五彩田园

五彩田园位于玉林市玉东新区茂林镇，包括鹿峰、鹿塘、鹿潘、沙井、山电、陂石、陂耀、新寨、车垌、湘汉 10 个行政村（社区），总面积 52 平方公里。目前，五彩田园建成的景区有森林公园、中国现代农业技术展示馆、荷塘月色、荷之源、圆之源、樱花基地、隆平高科杂交水稻种植示范基地等，其规划起点高，建设速度快，总体规模大，走在广西现代特色农业示范区的前列。五彩田园开园一年多，就获得了一系国家级和自治区级荣誉：2015 年 1 月，五彩田园获得广西壮族自治区人民政府授予的"广西现代特色农业（核心）示范区"称号；2015 年 9 月荣获"中国农业公园"称号；2015 年 10 月荣获"国家农业产业化示范基地""全国首批国家级专家服务基地"称号；2015 年 11 月通过"国家 AAAA 级旅游景区"和"广西五星级乡村旅游区"的评审，荣获"全国休闲农业与乡村旅游示范点"称号。

"梦幻花海"展馆

"瓜果飘香"展馆

中国现代农业技术展示馆全景

穿镜山景色

荷塘木栈道

五彩田园·樱花大道

"粤港澳万人游"活动

本草特色小镇

生态乡村

　　自古以来，热爱生活、崇尚自然的玉林人生生不息地守护着这片沃土上的每一片绿色。一代代玉林人热爱自然，敬畏自然，自觉地在村头屯尾、房前屋后种植荔枝树、龙眼树、香樟树、榕树、玉兰树等。近年来，玉林市努力改善农村人居环境，随着九洲江、南流江、北流江等重要流域治理得到有力推进，新农村建设成果显著，尤其在风貌改造中脱颖而出。现代民居、名村古宅、客家围屋……掩映于各种各样的果树丛林中，为玉林大地增添了迷人的色彩！

北流罗政村田园风光

玉东新区鹿塘村

陆川文官客家文化村新貌

玉东新区生态乡村

容县石寨乡村远景

陆川吹塘客家文化生态园

北流乡村一景

容县立垌屯兰花生态园

陆川英平家庭农场生态园

北流乡村景色

福绵沙田镇牛塘人家

兴业庞大福生态农庄

玉州区悠然农庄

北流金秋龙虎寨

容县生态乡村

玉东新区油菜花基地

全国文明村——兴业县陈村

碧水玉叶——容县乡村景色

容县石寨乡村美如画

青山绿水

山青林密，郁郁葱葱，这就是玉林；碧水多情，田园都市，这就是玉林。

那山——绵延起伏，挺拔秀丽，不时传来松涛阵阵。

那水——既有瀑布的壮丽，也有平湖的静谧；既有小河的潺潺，也有泉水的叮咚，"逝者如斯夫，不舍昼夜"。

山和水的融合，飘逸灵动，交织出世间最美的景色。现代民居、名村古宅、客家村寨……散落在青山绿水间，掩映于各种各样的果树丛林中，为玉林大地增添了迷人的色彩！

客县马鞍山云海

福绵六万山

陆川谢仙嶂

陆川沙湖嶂

福绵生态乡村

北流河晨曦

陆川龙颈瀑布

容县大水瀑布

容县都峤山森林公园瀑布

天上人间——容县乡村美景

生态九洲江，美丽新陆川。

生态九洲江　美丽新陆川

陆川车田坝景色

北流龙门水库风光

容县平梨水库风光

容县宁冲水库风光

瓜果飘香

　　玉林地处北回归线以南，属典型的亚热带季风气候，丘陵地带，气候温和，雨水充足，年平均气温 21 摄氏度，自然条件优越，名山众多，物产丰富，既是"天然南国园林"，也是广西重要的粮食、水果生产基地，全国著名的"荔枝之乡""桂圆之乡"和沙田柚原产地。春天有黄澄澄的柑橘遍布城乡，夏天有红通通的荔枝挂满山丘，秋天有绿油油的香蕉林漫山遍野，冬天有金灿灿的柚子缀满山坡……

玉林是"荔枝之乡"

火龙果

沙梨

容县沙田柚

柑橘

草莓

香蕉

哈密瓜

玉林花园国际大酒店餐厅

玉林牛巴

玉林牛腩粉

玉林炸云吞

玉林牛肉丸

美食

陆川白切猪脚

博白黄瓜皮

博白芋苗酸

玉林炒牛杂

陆川扣肉

陆川烧肉

玉林茶泡

特色美食

　　玉林气候温和，雨量充沛，光照充足，农业发达，农副产品非常丰富，成为支撑玉林美食的物质基础。"陆川猪、北流鱼、博白蕹菜、容县沙田柚、玉林大番薯。"这是长期以来桂东南地区家喻户晓的一首民谣。玉林特产当然不止这些，尤其是玉林美食，散落在民间餐桌上，不胜枚举。玉林特色美食：玉林牛巴；玉州牛腩粉、肉蛋粉、粉蒸肉、牛杂粉等；福绵白切鸭、叁皇鸡、牛料粉等；北流花生豆腐煲、鸭塘鱼等；容县霞烟鸡、红菇煲、西山猪脚、柚皮宴、红烧豆腐等；陆川烧乳猪、扣肉香骨等；博白蕹菜、三黄鸡、白切鹅、宴石黄榄烧鱼等；兴业酸料、城隍猪脚扣，蒲塘卷粉、洛阳扎粉等。

名胜岭南

The Picturesque City
in South of the Five Ridges

大容山莲花池

容山叠翠

　　大容山距玉林城区46公里，距北流23公里，方圆千余平方公里，有海拔千米以上山峰24座，主峰莲花顶海拔1275.6米，为桂东南第一峰。山峦五峰，相互对峙，如莲花开放。

　　旧县志记载，大容山面面相似，人入之易迷路。它"高五百余丈，周围千余里，以其四周无所不容因名大容"。又说"盛夏有霜，分九十九洞"。贞明三年（917年），南越王刘龚在广州称帝封南方五岳时，把大容山封为西岳。明崇祯十年（1637年）八月，著名旅行家徐霞客曾游览大容山。

　　大容山脚有一棵巨大的迎客松，像一位忠诚守山的老人。成片的橄榄、沙田柚、柑橘等果树掩映着农家，屋旁的小池里草鱼游来游去。若逢秋天登山，会看到各种果树的枝头挂满果实。大容山的绿茶，沏之色泽清透，味道甘香，远近闻名。

　　白云悠悠的山腰，依然可见道旁有农家的房子，这景象恰似唐代著名诗人杜牧在《山行》中所写的那样："远上寒山石径斜，白云生处有人家。"再往上攀登，触目可见野枣林、野竹林、野蕉林及山龙眼、山荔枝、山黄皮、山草莓、无花果等。2016年，江家大院从安徽整体搬迁来此落户，更为大容山增添独特的色彩。

　　大容山公园被誉为"欧式风光森林公园"，总面积2930公顷。在海拔1100米的大容山上，主要

南方西岳——大容山

景观有落差 500 米的莲花瀑布群。高山草甸，天湖碧波；高山飞瀑，相映成趣；秀奇神韵，养生胜地。

徜徉于此，令人感到心旷神怡。大容山森林覆盖率达 92.5%，水源丰富，气候宜人，年平均气温约为 19.6 摄氏度，空气中负氧离子含量达每立方厘米 89300 个。春天山花烂漫，夏日树木葱茏，秋来野果遍地，冬日冰景剔透。公园共有植物 357 种，属国家重点保护的植物有金花茶、穗花杉、桫椤、石梓、石兰等 23 种，还有许多珍贵的药材，如血参、通城虎等。公园内常见的野生动物有 22 目 61 科 180 种。

耸立于山尖的川字石，每块高约 18 米，宽约 9 米，石间距约 1.5 米。川字石那凌空的姿态令人赞叹不已，不愧为大容山第一奇观，人们称为"三片撑奇"。杜述祖的《三片撑奇》诗云："三片撑奇耸九天，云间紫翠忽相连；冬来白雪为银海，秋至松涛听耳边。"在离川字石不远处，另有三块并列略小的石头，俗称"小三片"。站在川字石旁，呼呼的山风把衣襟吹得如旗飘舞，令人有"高处不胜寒"的感觉。放眼四周，只见片片林海，绿浪翻滚，莽莽苍苍。此时此刻，会让人觉得大容山果然包容万象，称之为"大容山"是何等贴切。

大容山云遮雾绕，气势磅礴。清晨时分，那轻轻的薄纱飘逸而来，瞬间又悠然而去，让人顿觉如诗如画，如幻如梦！

81

神奇的克叻古藤

美景通幽

大容山北峰顶川字石

大容山冰挂

山中花树

莲花瀑布

大容山漂流

九瀑谷

江家大院正门

江家大院屏风

江家大院木刻

江家大院厅堂

江家大院二楼

中国三十六洞天之二十洞天——都峤山

都峤圣境

　　都峤山又名南山，位于容县县城南面 11 公里处，连绵起伏，方圆 37 平方公里。都峤山主要山峰海拔多在 500 米以上，其中香炉峰海拔 743.7 米，为都峤山最高峰。远眺都峤山，千峰竞秀，草木葱笼其上，云蒸霞蔚，五彩缤纷，让人从中感受到大自然的气象万千。

　　都峤山属典型的丹霞地貌景观，整个山区层峦叠嶂，巍峨挺拔。特别是山体北麓，丹霞赤壁似斧劈刀削，东西罗列，气势恢宏，以峰奇、石怪、洞多、谷幽、道险而著称。都峤山的山、石造型奇特，如八大峰，似香炉、仙人、灶石、马鞍、竹兜，山峰由此得名；至于小的山、石肖形像物的更多，如仙人桥、仙人床、蜡烛通天、丹凤朝阳、宝剑出鞘、文笔卓立及海豚出水、鲤鱼跳龙门等巨石，莫不惟妙惟肖。

　　初至都峤山之人，易被博大精深的佛光玄意所迷醉。步入庆寿岩景区，眼前显露一座高约 300 米的石山，石山形似一尊坐佛：头圆，双臂微曲，胸直臂宽，面向容城，眯眼微笑，自古以来被当地人称为"迎宾佛"。1999 年，"迎宾佛"的胸部被镌刻上一个大"佛"字，系中国佛教协会原会长赵朴初之绝笔。这个金色大"佛"字，高 108 米，宽 88 米，入石 3 至 4 厘米，堪称中国摩崖壁刻之最，"山是一座佛，佛是一座山"的意境由此形成。

　　自古以来，都峤山是闻名遐迩的宗教圣地和讲学场所。远在汉代即有刘根、华子期等人入山修道，相传东晋葛洪也曾在山中炼丹。道书将都峤山列为"中国三十六洞天之二十洞天"。随着佛教传入中国，都峤山又成为佛教圣地。据史志记载，唐代佛教鼎盛时期，都峤山建筑有九寺十三观，历代僧人筑岩为寺近千间，研经修法，而硕儒学子亦频频来此开坛讲学。宝盖岩一度成为专门藏书之"册府"，浸润"三教合一、共享一山"之文化底蕴。

　　都峤山融自然景观与宗教文化为一体。贵妃峰景区和森林公园是生态观光景区和诗词长廊，植被非常茂密，四季流水潺潺、鸟语花香，山上的云雾茶远近闻名。唐宋时就有许多文人写了很多诗赞美贵妃峰。北宋大文豪苏东坡曾在都峤山游玩十多天，留下了三首诗词；南宋丞相李纲被贬时，曾在山中闲居，写下了八首诗歌；明代大旅行家徐霞客曾在山中居住一夜，游玩两天，写下了两千多字的《粤西游记·都峤山》，对此处风景赞叹不已。

都峤山佛光玄意

91

都峤山庆寿岩五百罗汉堂

都峤山养心学院

都峤山正门

勾漏洞天

　　勾漏洞位于北流市东南面 3 公里处勾漏山主峰下，景色秀丽，花木葱茏，为全国道教"三十六洞天之二十二洞天"，占地 2 平方公里，属典型的喀斯特地貌景观。岩洞全长 1500 多米，由宝圭、玉阙、白沙、桃源、玉金五洞组成，"勾、曲、穿、漏"奇景天成。洞口内壁有"勾漏洞天"的巨幅壁题，为唐末所刻；洞前三座山上刻着浑健有力的"勾漏洞"三字，是明永乐年间所刻。

　　相传在 1800 年前的东汉时，甘肃人王符远来览胜，在此处抚琴抒怀，今洞口刻有"王符弹琴处"。东晋咸和年间，有著述宏富、精通医学、擅长炼丹的道学家葛洪，放弃"散骑常侍"的高官不做，"求为勾漏令"，在宝圭洞提炼丹砂，丹成之后，遂辞令漫游罗浮，终归隐西湖入仙。后人于洞前立葛仙祠，

道教二十二洞天——勾漏洞天

建碧虚亭，作为纪念，现在洞中尚祭祀着葛洪的全身泥像。

洞前亭台楼阁，雕梁画栋，绿树婆娑，曲径通幽，与月湖相映，石壁上各类石刻琳琅满目，仅摩崖石刻就有 120 多幅，彰显勾漏洞悠久的人文历史。自魏晋以来，李靖、李纲、徐霞客、郭沫若等到此游览、考察，留下了众多的游踪墨迹。在众多的碑刻中，以唐代名将李靖《上西岳书》碑、南宋宰相李纲入洞题诗碑为最。明代地理学家、旅行家徐霞客曾到勾漏洞考察，绘制勾漏山图一幅，留下墨宝六千。当代著名学者、书法家郭沫若也曾留下《寄题广西勾漏洞》诗词一首。

勾漏洞奇景自然天成，石柱、石笋等纵横交错，千姿百态，有的似各种动物活灵活现，有的似各种植物栩栩如生，让人看了有一种扑朔迷离的感觉。洞内彩灯映衬，流光霞影，晶莹闪烁，绮丽幻奇，红如玛瑙，绿似翡翠，黄比琥珀，白赛明珠。在洞中行走，时而穿越仅容一人通过的狭窄走廊，时而进入宽敞明丽的大厅，时而遇到清可鉴人、游鱼可数的暗河，似身临人间神境。

北流县事温次
顺刻
郁林大春書
嘉靖丙申潮
是岁为
郡尼东燭遊
洞衰无郭夜
鸟道接丹丘
龙鳟搪碧椿
宁点静夹那
似嫩山審的
明日是新秋
长途苦炎热

勾漏洞正门

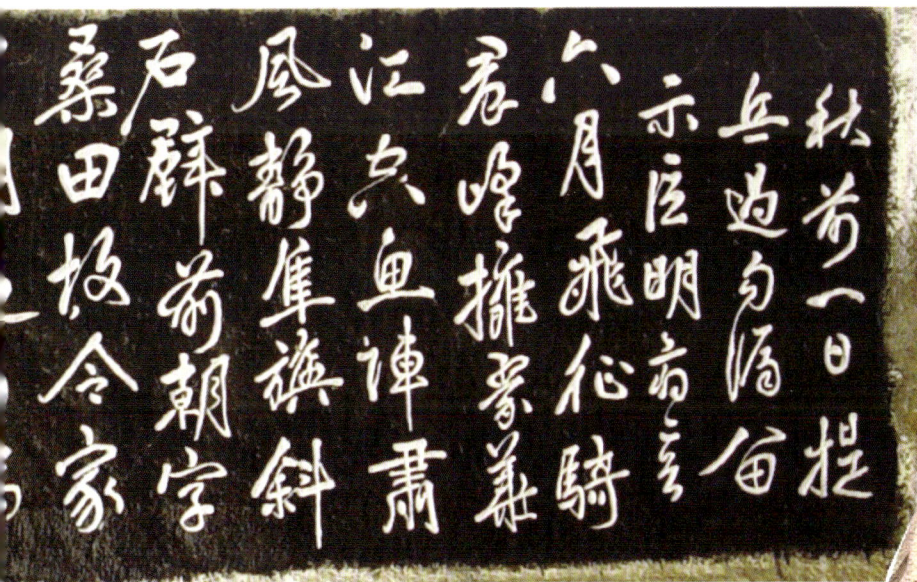

勾漏洞道教石刻

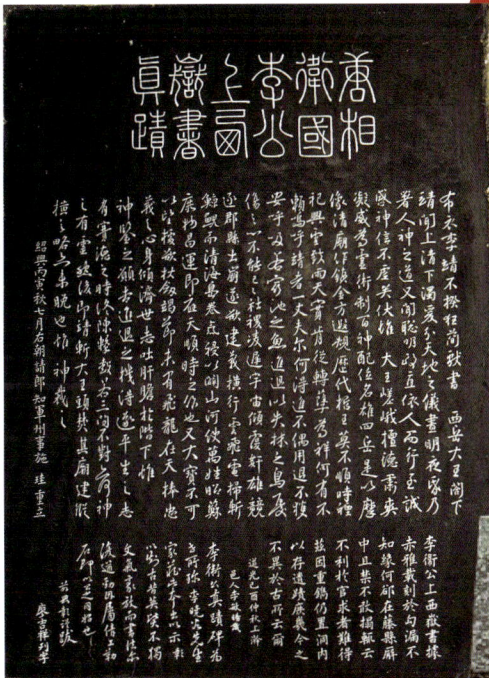

葛洪
283－363

东晋道学家葛洪塑像

勾漏洞内景

勾漏洞内景

北流汉代冶铜和铜鼓铸造遗址——铜石岭

铜石天印

　　铜石岭位于北流市民安镇，因产铜而得名，方圆7平方公里，山峦耸秀，三面绝壁，巍峨壮观。山顶宽广达数里，悬崖上有岩洞，名"会仙亭"。北流圭江自南而北绕山而过，有瀑布飞流而下。铜石岭南有"双女石"和"石鲤喷泉"。登山远眺，勾漏群峰，圭江景色，饱览无余。铜石岭冶铜和铜鼓铸造遗址素以"三绝"著称：一是世界最大铜鼓和历代官币铸造地；二是喀斯特地貌和丹霞地貌共生；三是山上之天公地母庙，据说自盘古开天辟地就浑然天成。

神奇的铜石岭

铜石岭丹霞地貌

铜石岭出土的世界最大的铜鼓

铜石岭木栈道

宴石丹霞

　　宴石寺位于博白县顿谷镇石坪村，其实是一个能容千人的天然岩洞，相传由唐节度使高骈于咸通年间征南诏，途经此地时所建。后南汉都监刘崇远铸铁佛和罗汉于寺内，据传南汉帝刘晟御笔亲题颁赐额号"觉果禅院"，成为南汉第一名刹，被誉为广西第一寺。宴石寺是广西年代较久远、保存较完好的寺庙之一，历代名僧辈出，香客不断，声名远播。

风光旖旎的宴石寺风景区

亚洲第一长天然石桥——天仙桥

隋朝宴石山摩崖造像

神奇壮观的博白云飞嶂

云飞叠嶂

　　云飞嶂位于博白县城西南40余公里，是广西十万大山南端的一座主要山脉，具有神奇色彩，传说颇多。云飞嶂是博白县八大美景之一，山险径曲，奇峰怪石，悬崖陡壁，阴谷阳坡，松间烟云，古树参天，石溪流泉，风景秀丽，素有"压倒岭南第一峰"之美称。明代诗人曾才鲁游云飞嶂后赋诗《云飞圣迹》曰："崔崒峰峦气势雄，云舒霞卷影玲珑。巨人迹在千层石，扶禄祠连一径松。鹤唳风声秋峤外，鸦飞虹影夕阳中。晴看宛若芙蓉帐，压倒罗浮第一峰。"

云海奇幻的云飞嶂

龙泉献瑞

　　鹿峰山位于兴业县城隍镇，属典型的喀斯特地貌，一条清溪从龙泉洞中蜿蜒流出。民间传说因李龙夫妇凿洞引水后在此修炼，最终化龙成仙而得名。鹿峰山风景区由龙泉洞、李宗仁连升三级屯兵遗址、华龙寺和元宝山等景点组成，方圆2.7平方公里。石林迭出，独具灵气。龙泉洞分为水洞与旱洞上下两层，洞内钟乳石千姿百态，展示"龙宫宝殿"与"千年古榕"等天然奇观。灵气福地给新桂系崛起赋予传奇色彩，李宗仁早年败落，两次屯兵鹿峰山，据传是得天地之灵气，遂连升三级，从玉林起家，终逐鹿中原，至今传为美谈。

灵气福地——鹿峰山

李宗仁屯兵福地

龙泉洞内景

龙泉洞"龙宫宝殿"

龙泉洞内景

115

温泉浴日

陆川温泉是中国八大名泉之一，位于陆川县城九洲江与妙峒河汇合的三角洲上，热泉从沙滩涌出，水温达 53 度以上，富含碳酸盐、硫酸盐、氯离子、钾离子、钠离子等 24 种化学成分和有益于人体之微量元素，被誉为"福泉""仙泉"。明代旅行家徐霞客曾大加赞誉"不慕天池鸟，甘作温泉人"。目前，依托陆川温泉已开发形成融休闲、度假、疗养、康体为一体的富有温泉特色的九龙山庄、温泉疗养院等旅游区。

天堂湖温泉度假山庄位于容县黎村镇温泉村，风景如画，环境天成，得天独厚。优质高温的硫黄温泉水对人体有一定的好处。据传杨贵妃小时候常在此泡温泉，泡就了她凝脂般光滑白皙细腻的肌肤，因此，天堂湖温泉亦有"贵妃故里华清池"之美誉，是集旅游度假、休闲娱乐、保健养生、住宿餐饮于一体的温泉度假胜地。

陆川九龙山庄温泉浴

陆川温泉

陆川九龙山庄温泉池

容县天堂湖温泉度假山庄

陆川九龙山庄

福绵区梦幻水乡航拍图

梦幻水乡

梦幻水乡旅游风景区位于玉林市福绵区成均镇，六万大山脚下，距玉林市区20多公里。梦幻水乡旅游风景区一年四季湖水碧绿，曲径通幽，林木葱郁，花姿烂漫，峰峦夹崎，涧泉淙淙，松涛阵阵，清香远溢，素雅幽静。每当日出前，水中小岛，烟雾弥漫，百鸟啁啾，随着太阳冉冉升起，整个水乡渐渐露出葱翠妖娆的身影，景色别致，宛若仙境；若赶上细雨迷蒙，水面上水气蒸腾，整个水乡笼罩在轻烟薄雾之中，水雾一体，水天一色，人在雾中，只觉是漫步天庭，腾云驾雾，似梦似幻。"梦幻水乡"正是得名于此。

福绵区梦幻水乡

福绵区梦幻水乡一隅

福绵区马尔代夫水上乐园

水上桂林

　　龙珠湖位于玉州区与北流市、陆川县交界处，距玉林市区约15公里。东北起自水月岩，西南止于龙珠湖，总面积约15平方公里，属喀斯特地貌，素有"小桂林"之美称。这里峰林奇峭，景致超然；山中有湖，洞中有河；湖光山色，相映成趣。《徐霞客游记》中称水月岩有"两洞、四胜、双流、三窦"之景观。有词赞曰：水月岩，月上水生岩半间，岩虚得月透天关；龙珠湖，应是补天遗数石，长留清景在人间。

水月岩一景

龙珠湖荡舟

"小桂林"龙珠湖

千岛鹤飞

千岛湖在广西博白县江宁镇陆峰坡，距离博白县城 40 多公里。岛上常年栖息着白鹤、白鹭，春夏秋时节达五六万羽，并逐渐向周围岛屿扩展，是广西最大的鹭鸟栖息地，被称为第四代动物园的先驱。

岛上面积约 2 平方公里，林木葱郁，青枝交错，绿叶涌翠，鸟语花香，四周水面旷阔，碧波荡漾。成群结队的白鹤、白鹭汇集于此，筑巢做窝，繁衍生息。白天，白鹤飞鸣，湖光闪耀，数以万计的白鹤腾空而起，追逐起舞，队伍长达一两百米，时常可见"飞时遮尽云和月，落时不见湖边草"的壮观美景。岛屿周围是博白县最大的网箱养鱼基地，水产资源丰富，以草鱼、鲮鱼、鲶鱼、罗非鱼为主。泛舟湖上，既可领略小江水库那无边无际的水色湖光，又可享受与鸟同乐、观渔夫捕鱼的无穷乐趣。岛屿周围均为水源林保护区，植被好，空气清新。

千岛湖一景

青山绿水白鹤飞

千岛湖一景

千岛湖一景

千岛湖美丽风光

寒山日出

寒山衔落日

寒山日照

　　寒山旅游区为古代"玉林八景"之一,距玉林市北郊 8 公里,方圆 13.3 平方公里。《九域志》载:寒山"南越王赵佗,夏日遣使入山采橘,经七日方还,问其故,云'山中大寒,不得归'。故名"。

　　寒山旅游区由东麓景区和西麓景区两大部分组成,森林茂盛。寒山主峰海拔 738.8 米,光照充足,景色宜人。东麓涧水清澈,风光秀丽。北面群峰叠嶂,林密谷幽。西麓自然景观天生丽质,色彩纷呈。景区内古藤缠绕,植被丰茂,气温适中,是衍生高密度负氧离子的区域。以寒山水库为中心,适合徒步、登山、露营和自行车越野等多项户外活动,是户外活动爱好者的天堂。

春江水暖鸭先知

131

风韵古州
The Charming Ancient City

气度不凡的"天南杰构"——容县真武阁

云天浩宇

云天文化城又称"云天宫",坐落于玉林市区江滨路,位于南流江畔,由台商始建于1995年。云天文化城面积4.6公顷,建筑面积14万平方米,主体建筑为21层,高108米,为我国目前以文化展示为主、单体建筑面积最大的仿古宫殿式建筑,将中国古今传统文化和著名特色建筑风格融为一体。六楼阁楼高30米,端坐于天圣宝殿的弥勒大佛重达660吨,镏金铸铜,由1000多片铜片组成。众多石雕、木雕、铸铜,用料、雕艺、造型至臻完美,堪称"三绝"。每一件雕塑作品都包含着许多感人至深的故事,都凝结着两岸同根的深情,都体现着两岸艺术家和民间工匠们对中华优秀传统文化的无比热爱及对艺术的至高追求。

云天浩宇——云天文化城

金鱼池

金龟

大佛金身

云天文化城展馆

金线吊葫芦

金鸡

真武杰构

真武杰构

　　真武阁坐落于容县城东容州府旁，与黄鹤楼、岳阳楼、滕王阁并称为江南四大名楼。唐乾元二年（759年），著名诗人元结到容县都督府任容管经略使，在容州城东筑经略台，用以操练兵士，欣赏风景。

　　明代初在经略台上建起了一座真武庙。明万历元年（1573年），知县伍可受召集乡宦杨际熙等人商议，把真武庙增建成三层楼阁，即现存的真武阁。全阁为杠杆式纯木结构，阁通高13.2米，面宽13.8米，进深11.2米，全阁不用一钉，用近3000条大小不一的木构件，以杠杆原理，串联吻合，彼此扶持，互相制约，合理协调组成一个优美稳固的统一体。二楼的四根大内柱，虽承受上一层楼的楼板、梁架、配柱和阁瓦、脊饰的沉重荷载，但柱脚却悬空不落地（距地板约有2厘米距离），是全阁结构中最精巧、最奇特的部分。它依靠杠杆作用，像天平一样维持整座建筑的平衡。阁基为土台，内填沙土。400多年来，真武阁历经五次地震、四次强台风，仍安然无恙，被誉为"天南杰构"，举世无双。

　　登真武阁，俯首可见绣江郯郯波光、轻舟悠然往来，远眺则都峤山巍峨雄姿宛在面前。专家们考察经略台真武阁普遍认为：经略台真武阁背负群山，面临绣江，水色一天，与滕王阁、黄鹤楼、岳阳楼颇为相似，而其余三大名楼原楼早已无存，唯真武阁仍保存至今。1962年，著名古建筑学家梁思成教授亲自到容县详细考察真武阁后发表研究论文，将经略台真武阁杰出的建筑艺术公之于世。无数专家、学者、游客纷纷慕名前来研究、参观真武阁。古建筑学家龙庆忠题词称赞："天南奇观"；著名社会学家费孝通题词评价："杠杆结构，巧夺天工"；著名古代文学教授商承祚题词赞誉："天南杰构"。

真武阁翘首

从古经略台看真武阁

真武阁二楼四根内柱悬空依靠杠杆作用维持平衡

真武阁一楼

夏威、夏国璋故居

将军府第

　　容县堪称"民国将军县"，可与浙江省奉化市相媲美。容县民国将军故居大多得到风水大师指点，建筑格局蕴含中国风水文化，建筑仿照欧式风格，砖木结构，装饰豪华，环境幽雅，均为一至两层的楼房，外观线条富于变化，突显立体艺术的效果。有11座民国将军故居保存较为完好，其中以黄绍竑别墅最有代表性，原称"万松山房"，风格独特，布局严整，平面呈"富"字形，造型可谓精巧壮观。

容县的广西爱国将军历史博物馆

黄绍竑故居内院

马晓军故居

韦云淞故居

贵妃故里

　　唐代许子真《全唐文》所写《容州普宁县杨妃碑记》中称："杨妃，容州杨冲人也，离城一十里，小名玉娘……"容州杨冲即今容县十里乡杨外村，位于重重丘陵深处，一条小河自湾肚田蜿蜒南流，至十里圩汇入绣江。沿河散布着片片稻田，四周山峦苍翠，农舍村落掩映在荔枝林和沙田柚林中，附近还生长着一丛丛凌云斑竹和一些国家重点保护树种格木，山清水秀，风光如画。村里有杨贵妃庙遗址，还有贵妃井，相传是杨贵妃的养父容州都督杨康为贵妃所建。

贵妃故里正门

贵妃故里全景

传说中的"贵妃井"

贵妃故里的古树

贵妃故里庭院

高山村的进士宅第

名村古宅

高山村也称"进士村"，位于玉林市区北面5公里处，始建于明天顺年间，至今已有550多年历史。自清乾隆二十二年（1757年）到清末，高山村共出了4名进士、21名举人、234名秀才。民国至今，文脉犹盛，人才辈出。高山村保存着明清古宗祠13座，古民居60座150幢，古火砖巷道9条，以及古墓、古井、古戏台、古剧场、古石碑、古围墙等一批古迹。高山村民居民俗文化底蕴深厚，2007年被评为中国历史文化名村。

兴业庞村清代民居群始建于清乾隆年间，至今有200多年历史，现存古民居28座，其中较有价值的19座，建筑面积约1.5万平方米。庞村的价值在于其建筑设计、造型艺术和装饰风格等方面均有独特之处。

小学生在高山村接受中国传统文化熏陶

高山村委会

兴业庞村清代民宅中的小巷

古宅翘首

兴业庞村清代民居群

谢鲁山庄

　　谢鲁山庄位于陆川县乌石镇，原名"树人书屋"，为清末附贡生、民国陆军少将吕春琯（原名芋农）之私人庄园，始建于民国九年（1920年）。庄园占地1平方公里，周长5公里，山高400米，以元人小说《琅嬛记》为蓝本，受红楼梦建筑意境启示，参照苏杭园林特色，依山布局，层叠而建，奇特别致，小巧玲珑。全庄贯以"一到九"而设景，各建其景，各含其义。庄内门景、长廊、小桥、池塘、石山、房屋错落有致，曲径通幽，融中国各庄大观于一炉，素有"岭南第一庄"之称。

　　山庄处处洋溢着浓厚的文化氛围。踏进山庄门楼，迎面一匾，上书"树人书屋"，对联："安得奇书三千车娱兹白首，再种名花十万本缀此青山。"进入深处，绿荫滴翠的半山有一砖瓦状结构的小阁楼，那是培养学童的地方，阁楼匾上"树人堂"三个大字格外醒目，门旁配上"花色欲迷仙半阁，书声常伴月三更"的对联，显示其文风学风。阁上是藏书的地方，曾经收藏的经史典籍极丰富，号称"万有书库"。山庄的诗词、楹联、字画、碑文，都是古今名人佳作，为山庄的文化瑰宝。

　　山庄苍松翠竹，古树参天，鲜花四季盛开。庄内计有花草树木 150 多种，可分灌木类、乔木类、草木类，亦可分春、夏、秋、冬季开花或四季开花，还可分浓香型、清香型、淡香型。春夏秋冬，花开花落，四季飘香，沁人心脾。

谢鲁山庄树人堂外景

155

谢鲁山庄含笑路

谢鲁山庄折柳亭

谢鲁山庄赏荷亭外景

157

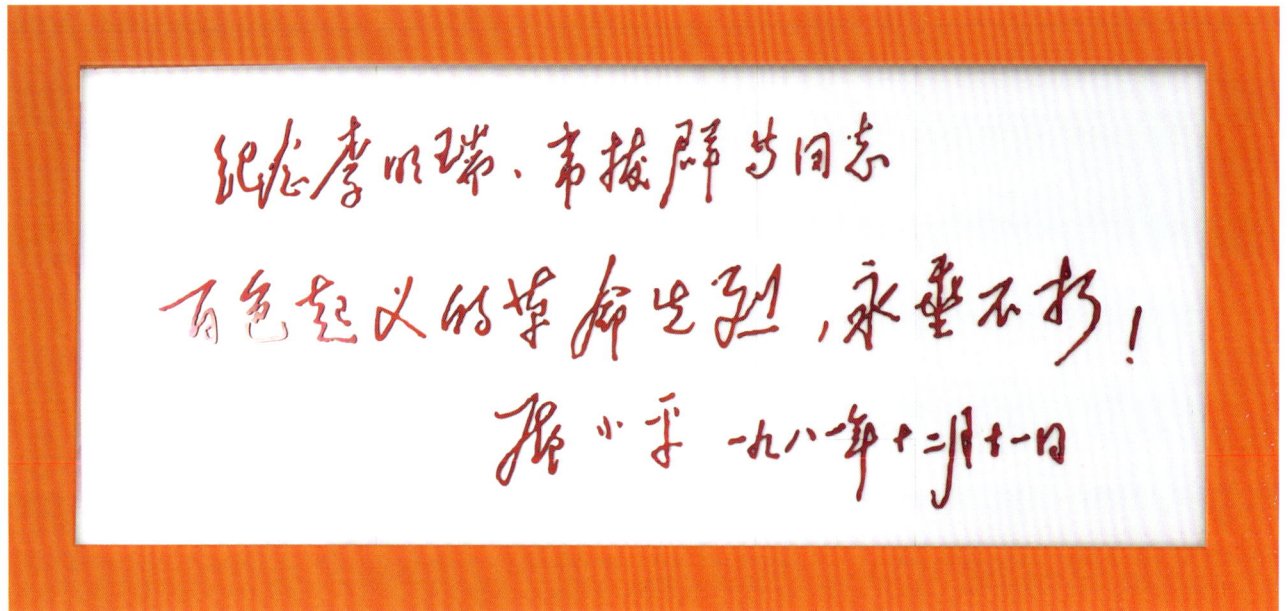

纪念李明瑞、韦拔群等同志

百色起义的革命先烈，永垂不朽！

邓小平 一九八一年十二月十一日

明瑞之光

　　李明瑞、俞作豫纪念馆落成于 1985 年，位于北流市城东北的田螺岭，为纪念红七军、红八军总指挥李明瑞和红八军军长俞作豫而建。占地面积 3533 平方米，建筑面积 810 平方米。馆内陈列有介绍李明瑞、俞作豫烈士光辉业绩的文字、实物、图片和自治区领导人及红七军、红八军老战士的题词。2013 年 6 月，北流市清湾镇侯山村乡亲自筹资金建成李明瑞纪念馆——"虎将堂"。

李明瑞纪念馆——"虎将堂"

于李明瑞、俞作豫纪念馆开展纪念活动

王力故居

　　王力故居坐落于博白县博白镇新仲村岐山坡，离县城1公里，始建于1796年。近年来由县政府修复和建设王力纪念馆，占地面积1100多平方米，坐北向南，为三进二十七室，青瓦红檐，朱门褐窗，白璧无瑕，庄重典雅，具有客家民居建筑风格。王力故居现收藏众多珍贵史料，体现大师"生前一代雕龙手，身后三千倚马才"之高尚情操，再现大师学术生涯之风采魅力。

王力故居内景

王力故居全景

王力故居正堂

王力故居展馆

太仆故里

何以尚故居正门

何以尚故居的主体建筑面积为152平方米，整座建筑为青砖包墙，内砌泥砖，硬山顶形制，屋顶上有灰沙雕压脊，两边翘峨，上厅用格木柱抬梁，有屏风窗格，正堂上有悬户部赠牌匾"圣世名卿"。整座建筑古色古香，淡雅而实用，每一个细节都体现出主人翁为官清廉、生活朴素节俭的精神品性，体现着一代清官的高风亮节。何以尚故居已经被玉林市、兴业县定为廉政教育示范单位，是当地干部群众学习传承廉政精神的教育基地。

何以尚故居外景

何以尚故居二门

何以尚故居正堂

古迹钩沉

在千年古州的历史发展中，玉林大地上留下了许多独具特色的历史文物，记录着玉林这座古城文化发展进程的轨迹。如今，骑楼街、大成殿、粤东会馆、云龙桥、万济桥、高山村明清建筑群、硃砂垌客家围屋等一批历史文化古迹得到了保护和利用。

建于清光绪六年（1880年）的玉林粤东会馆

始建于宋代末年的宝相寺

玉林万花楼始建于南宋，造型精美。1935年《广西一览》载："古万花楼……为本省最精美古建筑物之一。"毁于1968年。目前，万花楼正在重建之中

广西一级保护文物——万济桥

石嶷文塔位于兴业县城西面的兴业高中旁，始建于南宋，明成化十八年（1482年）维修，
清乾隆十一年（1746年）重建

所
卫生间
Toilet
→

玉林骑楼街

古船埠商铺

硃砂峒客家围屋

始建于清康熙四十年（1701年）的铜阳书院

六里书院坐落于北流市平政镇北流市第二中学
校园内，始建于清光绪十三年（1887年）

扶阳书院坐落于北流市白马镇，始建于清光绪九年（1883年）

北流大成殿

无锡国专旧校址

博白字祖庙

绚丽民艺
Brilliant Folk Arts

中央电视台《民歌中国》栏目走进玉林

桂南采茶

　　桂南采茶戏于明末从江西传入桂南，经与本地民歌、小调、方言等表演方式结合，至清代由民间艺人汲取南北各地采茶类艺术表演之长，创造出歌、舞、剧三艺萃集的表演形式，成为中国戏曲百花园中的一朵奇葩。采茶戏以茶文化为内容，多为喜剧、闹剧，通常由一男一女或二男四女组合表演。男角舞步明朗大方，潇洒幽默。女角舞步轻盈细致，情深含蓄。道具有钱尺、绸带、彩扇、手帕、茶篮等。唱腔语言主要是客家话或白话。通常以锣鼓、唢呐、笛子、二胡等为伴奏乐器，诙谐幽默，引人入胜。桂南采茶戏被列入首批国家级非物质文化遗产名录。

博白县采茶剧团演出《梁山伯与祝英台》

采茶戏《茶女自多情》

采茶剧《茶山恋》获 2006 年玉林市文艺比赛一等奖

采茶剧《春婆劝夫》获 2009 年广西戏剧展金奖

采茶剧《龙门坳》获 2008 年广西第七届戏剧展优秀奖

玉林八音

玉林八音俗称"鼓吹"，为玉林传统民间音乐之代表，与《尚书·尧典》所说的"八音克谐，无相夺伦，神人以和"相关。八音，指八类乐器，即金、石、土、革、丝、木、匏、竹的演奏。玉林八音由中原传入，经吸收本地民歌、小调及粤地音乐并加以创新改造，以鼓、唢呐、锣、钹、木鱼、箫、笛、弦等为主要乐器。民间节庆、新居落成、婚娶、祝寿、迎神、祭祀等喜庆日子，多以玉林八音助兴。玉林八音名目甚多，地方色彩浓厚，演奏形式别具一格，风格豪放，被列入广西首批自治区级非物质文化遗产代表性项目名录。

玉林八音吹奏

玉林八音鼓吹

民间八音风俗活动

博白县杂技团《女子车技》

博白县杂技团《草帽飞舞》

博白杂技

　　博白杂技融杂技、武术、气功、魔术于一体，技艺高超，妙趣横生，为人们所喜闻乐见。在传承创新中，博白县杂技团的杂技《双扛竿》脱颖而出，于2001年荣获广西壮族自治区人民政府文艺最高奖——"铜鼓奖"。博白县杂技团不仅在国内巡回演出，而且代表国家先后到越南、新加坡、马来西亚、美国、英国、德国、瑞士、南非、日本等30多个国家和地区演出，成了国家对外文化交往的王牌精品。

博白县杂技团《搭桥》

客家山歌

客家山歌为客家人在农事劳动中的有感而发，缘情而歌，唱起来音节优美，含蓄幽默，耐人寻味。因客家话保留古代中原音韵较多，演唱别有韵味。"远看阿妹一枝花，黄瓜手臂绿豆芽；虾公看见就踢水，老蟹看见打翻车。"也有不局限于客家话演唱的，如"上山不怕膝头颤，撑船不怕急水滩；千重困难踩脚下，前面就是幸福山"。若用"一人唱万人和"之唱法，众人跟着和唱"幸福山"，便显示出一种排山倒海、惊天动地之磅礴气势。

民间对唱客家山歌

喃嘟乐曲

玉林古为百越之地，乡间遗风犹存，其中客家人所称"喃嘟乐"，"五月节昂高头，七月十四捯大喉"，即端午节昂高头放纸鹞（风筝），中元节吹奏喃嘟乐。乐器喃嘟笛，以竹为笛管，以芦叶结成喇叭口，置于笛管末端，状似唢呐。最大型之喃嘟笛，一人吹奏，一至二人捧笛角。中小型喃嘟笛，一人吹奏，左手把笛管，右手捧笛角。夜幕降临，四村八寨响起喃嘟乐，大中小型喃嘟笛同时吹奏，热闹非凡，悲怆动人。

民间演奏喃嘟乐曲

舞狮舞龙

玉林舞狮兼取南北之长，有文武之分。文狮动作舒缓平稳，表情细腻诙谐；武狮则动作威猛，矫健活泼。表演时配以锣、钹为伴奏，给人以激情奋进之感受。博白客家民间舞的狮子，又称为"古田狮"或"八卦狮"。玉林舞龙为一种祈福舞蹈。表演气氛热烈，舞龙动作多姿多彩，令人赏心悦目。在锣鼓与鞭炮声中大红龙珠上下翻飞，五彩巨龙追随狂舞，舞者自我陶醉，观者其乐融融。

民间舞狮活动

民间舞龙活动

英才名人
The Big Figures

桂东南抗日武装起义烈士纪念塔

绝世美女杨贵妃

　　杨贵妃（719—756 年），即杨玉环，广西容县十里乡杨外村人。唐开元二十三年（735 年），杨玉环十七岁即被册封为寿王妃。天宝四年（745 年），被唐玄宗李隆基册封为贵妃。天宝十五年（756 年）六月，随唐玄宗流亡蜀中，途经马嵬驿，禁军哗变，杨贵妃被缢死，香消玉殒。白居易一首《长恨歌》，开创帝王爱情之先河："天长地久有时尽，此恨绵绵无绝期。"杨贵妃堪称大唐第一美女："回眸一笑百媚生，六宫粉黛无颜色。"杨贵妃与西施、王昭君、貂蝉并称中国古代四大美女。

"海瑞同党"何以尚

　　何以尚（1526—1587 年），字静吾，号仁甫，广西兴业县石南镇东山村人。明嘉靖三十一年（1552 年）乡试中式，以举人入仕，任官京城。嘉靖四十五年（1566 年）二月，著名清官海瑞以户部主事身份冒死上疏，指世宗深居西苑，专意斋醮，以致朝政荒废，奸臣弄权。世宗龙颜大怒，命左右侍从执之。至秋，世宗锢海瑞，究其主使者，并移刑部，论死。时以尚为户部司务，挺身而出，上疏请释之。世宗命锦衣卫杖其百，以"海瑞同党"锢诏狱，昼夜刑讯。海瑞卒于南京右都御史任上，以尚有诗相挽，中有"先生与我原同志，后死何人更相知"之句。

清廉才子李绍昉

李绍昉（1787—1845年），广西北流市清湾镇侯山村人，少时聪颖超群，被誉为"北流神童"。清嘉庆二十四年（1819年）考中进士，殿试复试一甲第一名。授职翰林院编修，担任国史编纂。官至都察院兵科，工科给事中，浙江宁、绍、台兵备道。其诗文功底深厚，才气横溢，深受皇帝器重。一次面圣，他看到"子当承父业，臣必报君恩"之对子，指出：哪有臣君、子父地位颠倒之理？应改为"君恩臣必报，父业子当承"。皇帝对其大加赏识，曰："卿实才压三江。"民间有李绍昉急读空白"祭文稿"、倒背碑文等传说，盛赞其聪明绝顶、文思敏捷。

民族英雄刘永福

刘永福（1837—1917年），字渊亭，祖籍广西博白县。他少时随家迁居防城上思县；青年时组建天地会，反抗清政府；三十岁创建黑旗军。中法战争爆发后，他率领黑旗军与法国侵略者浴血奋战，威震中越，越南政府任命他为"三宣正提督"。中日甲午战争爆发时，刘永福临危受命，渡台帮办防务，领导台湾之抗日斗争。其时，内缺粮饷，外无援兵，苦战四月余，毙伤日军三万二千多人，击毙日军中将、少将各一名。他一生抗法抗日，以民族英雄著称于世。孙中山曾由衷赞叹："余少小即钦慕我国民族英雄黑旗刘永福。"

革命先驱朱锡昂

朱锡昂（1887—1929 年），广西博白县沙河镇人。清末秀才，为推翻清封建王朝，他秘密加入中国同盟会，参加了广州黄花岗起义。1912 年，被选为广西省参议会参议员，曾参加讨袁护国军，任广东护国军第二军秘书，此后历任广东郁南县知县、广西省议会秘书长等职。为追求真理，他放弃高官厚禄，于 1925 年春加入中国共产党，在广西大力传播马克思主义，领导开展工农学生运动，先后任玉林高中校长、玉林县支部干事会书记、广西特委书记、临时广西省委主要负责人等职。1929 年 6 月 8 日在玉林英勇就义，血洒玉林，千古流芳。

北伐虎将李明瑞

李明瑞（1896—1931 年），号裕生，广西北流市清湾镇人。中学毕业后，入滇军讲武堂韶关分校，1920 年毕业。因军功卓著先后任连长、营长、团长。北伐战争时期，历任国民革命军第七军旅长、师长、副军长，率部转战湘、鄂、赣、皖、苏等省，英勇善战，功勋卓著，成为北伐军中虎将。1929 年 5 月，任广西绥靖公署主任，与广西省主席俞作柏联合举旗反对蒋介石，兵败后参加百色起义和龙州起义，任红七军、红八军总指挥。1930 年 11 月，率领起义部队长途跋涉一万二千里到达中央苏区，被任命为红七军军长。随后参加第三次反"围剿"战争，屡立战功。1931 年遭"左"倾错误路线迫害，含冤致死，年仅三十五岁。

桂系巨头黄绍竑

黄绍竑（1895—1966 年），字季宽，广西容县黎村镇珊萃村人。国民党陆军上将，新桂系三巨头之一。他出生于书香世家，先后毕业于广西陆军小学、武昌陆军第二预备学校、保定军官学校。1924 年，任广西讨贼军总指挥，推翻旧桂系军阀统治，统一广西。历任国民党第十五军军长，广西省、浙江省、湖北省政府主席，国民政府内务部部长兼代交通部部长，中央军事委员会第一部长，第二战区副司令长官，国民政府监察院副院长。1949 年，由于国民党当局拒绝签订和平协议，他毅然与国民党政府决裂，并从香港回到北京，参加了中国人民政治协商会议，为祖国统一出谋献策。1966 年 8 月，于北京逝世。

语言宗师王力

王力（1900—1986 年），字了一，广西博白县博白镇歧山坡村人。早年家境贫寒，念完高小就辍学了，当过店员、小学老师，凭自学考入上海南方大学，后转入国民大学，又考入清华大学国学研究院，师从国学大师梁启超、陈寅恪、王国维、赵元任。后留学法国，获巴黎大学文学博士学位。回国后，先后在清华大学、北京大学、中山大学等校任教半个多世纪。历任中国科学院哲学社会科学部委员、中国文字改革委员会副主任、中国语言学会名誉会长、全国政协常委等职。他博学多才，中西融汇，龙虫并雕，著作等身，为中国近百年来语言学一代宗师。

后 记

乘着党的十九大的强劲东风，《美丽玉林》画册同广大读者见面了，这是一件十分有意义的事！

玉林有着两千多年州郡史，文化积淀深厚，自古以来就是人文荟萃之地，素有"岭南美玉、胜景如林"之美称。玉林这片土地钟灵毓秀，生机盎然，拥有众多的名胜古迹和文化旅游资源，尽享岭南文化风骚。

近几年来，玉林经济社会快速发展，地域文化展示出支撑经济社会发展的潜能与力量。为传承与弘扬玉林地方优秀历史文化，使这些积淀深厚的瑰宝展现光辉与价值，玉林市政协决定组织编撰《美丽玉林》画册，并将之正式出版。

本画册分为六个篇章："五彩玉林""田园都市""名胜岭南""风韵古州""绚丽民艺""英才名人"。在玉林风光秀丽的地理空间中，引领读者进入美丽玉林的人文世界，体验玉林独特民俗风情，展示玉林城乡美丽风貌。本画册从玉林旅游文化建设的角度进行编写，以人文介绍地理，以地理引出人文，图文并茂地诠释玉林旅游文化，是一部内容丰富、可读性强的画册，也是建设玉林文化大市的一个重要项目。

本画册凝聚了集体的智慧和心血。编委会统筹全书内容，拟定篇章结构，提出编写要求，明确编写任务，并及时给予指导，为本书的编写工作确定了方向，奠定了基础。摄影家们经年累月在外拍摄，付出了辛勤的劳动，为本画册积极提供优质照片，为本画册顺利编辑做出了贡献。编辑人员对照片资源经过一年多的搜集整合，不断调整更新照片，几经修改，数易其稿，为本书的付梓做出了努力。广西科学技术出版社陈勇辉总编辑为本书的出版给予了热情指导和鼎力相助。借此机会，我们表示最诚挚的感谢！

由于编者水平有限，书中若有疏漏之处，恳请读者批评指正。

编 者

2017 年 10 月